BEI GRIN MACHT SICH IHR WISSEN BEZAHLT

- Wir veröffentlichen Ihre Hausarbeit, Bachelor- und Masterarbeit

- Ihr eigenes eBook und Buch - weltweit in allen wichtigen Shops

- Verdienen Sie an jedem Verkauf

Jetzt bei www.GRIN.com hochladen und kostenlos publizieren

Peter Kuhlmann

Beschaffungsprozesse in der Hotellerie

GRIN Verlag

Bibliografische Information der Deutschen Nationalbibliothek:

Die Deutsche Bibliothek verzeichnet diese Publikation in der Deutschen Nationalbibliografie; detaillierte bibliografische Daten sind im Internet über http://dnb.d-nb.de/ abrufbar.

Dieses Werk sowie alle darin enthaltenen einzelnen Beiträge und Abbildungen sind urheberrechtlich geschützt. Jede Verwertung, die nicht ausdrücklich vom Urheberrechtsschutz zugelassen ist, bedarf der vorherigen Zustimmung des Verlages. Das gilt insbesondere für Vervielfältigungen, Bearbeitungen, Übersetzungen, Mikroverfilmungen, Auswertungen durch Datenbanken und für die Einspeicherung und Verarbeitung in elektronische Systeme. Alle Rechte, auch die des auszugsweisen Nachdrucks, der fotomechanischen Wiedergabe (einschließlich Mikrokopie) sowie der Auswertung durch Datenbanken oder ähnliche Einrichtungen, vorbehalten.

Impressum:

Copyright © 2011 GRIN Verlag GmbH
Druck und Bindung: Books on Demand GmbH, Norderstedt Germany
ISBN: 978-3-656-08391-7

Dieses Buch bei GRIN:

http://www.grin.com/de/e-book/183828/beschaffungsprozesse-in-der-hotellerie

GRIN - Your knowledge has value

Der GRIN Verlag publiziert seit 1998 wissenschaftliche Arbeiten von Studenten, Hochschullehrern und anderen Akademikern als eBook und gedrucktes Buch. Die Verlagswebsite www.grin.com ist die ideale Plattform zur Veröffentlichung von Hausarbeiten, Abschlussarbeiten, wissenschaftlichen Aufsätzen, Dissertationen und Fachbüchern.

Besuchen Sie uns im Internet:

http://www.grin.com/

http://www.facebook.com/grincom

http://www.twitter.com/grin_com

Beschaffungsprozesse in der Hotellerie

vorgelegt von:

Peter Kuhlmann

Abgabedatum:
09. Dezember 2011

Inhaltsverzeichnis

Inhaltsverzeichnis I
Abkürzungsverzeichnis II
Abbildungsverzeichnis III
1   Einleitung 4
2   Begriffserklärung 5
    2.1   Beschaffungsprozesse 5
    2.2   Strategische Beschaffungsprozesse 5
    2.3   Operative Beschaffungsprozesse 5
3   Herausforderungen der Hotelbranche an die Beschaffungsprozesse 6
    3.1   Branche 6
    3.2   Lieferantenmanagement 8
    3.3   Beschaffungsmethoden 8
    3.4   Beschaffungsorganisation und Weiterbildungsmaßnahmen 9
4   Beschaffungsprozesse in der Hotellerie 10
    4.1   Die strategischen Beschaffungsprozesse 10
    4.2   Die operativen Beschaffungsprozesse 13
5   Fazit und kritische Würdigung 18
6   Literaturverzeichnis 19
    6.1   Internetquellen 20

Abkürzungsverzeichnis

Abb.	Abbildung
Aufl.	Auflage
bspw.	beispielsweise
bzgl.	bezüglich
bzw.	beziehungsweise
ca.	circa
C&C	Cash & Carry
d. h.	das heißt
etc.	et cetera
F&B	Food and Beverage
GEG	Gastronomie Einkaufsgemeinschaft mbH
gem.	gemäß
ggf.	gegebenenfalls
ggü.	gegenüber
HGK	Hotel- und Gastronomie-Kauf e. G.
i. d. R.	in der Regel
inkl.	inklusive
Nr.	Nummer
o. g.	oben genannte
S.	Seite
s.	siehe
sog.	sogenannte
Tab.	Tabelle
TCO	Total Cost of Ownership
u. a.	unter anderem
vgl.	vergleiche
XML	Extensible Markup Language
z. B.	zum Beispiel

Abbildungsverzeichnis

Abb. 1: Phasen strategischer Beschaffungsprozesse 5
Abb. 2: Phasen operativer Beschaffungsprozesse 5
Abb. 3: Entwicklungsstufen unterschiedlicher Branchen in der Beschaffung 6
Abb. 4: Sourcing-Alternativen in der Hotellerie 11
Abb. 5: Suboptimaler Beschaffungsprozess der Selbstabholung 13
Abb. 6: Typischer Beschaffungsprozess in Einzelhotels 14
Abb. 7: Moderner Beschaffungsprozess in Hotelketten 16

1 Einleitung

Die Bedeutung von Beschaffung und Beschaffungsprozessen nimmt seit Jahren stetig zu.[1] Wurde die Beschaffung früher vorwiegend als Erfüllungsgehilfe gesehen, so generiert sie heute einen wichtigen Beitrag zur Wertschöpfung in Unternehmen und übt damit einen erheblichen Einfluss auf den Unternehmenserfolg aus.[2] Ebenso hat sich der Fokus der Beschaffung erweitert – von einer zuvor überwiegend operativ und administrativ geprägten Unterstützungsfunktion hin zur strategischen Fähigkeit.[3] In vielen Unternehmen haben sich in den letzten Jahren die Transparenz und die Effizienz der jeweiligen Einkaufsorganisationen verbessert.

Jedoch muss bei den Entwicklungsstufen der Beschaffung bzgl. Branche und Unternehmensgröße differenziert werden.[4] Gerade die tendenziell größeren Unternehmen der Automobil- und Elektroindustrie gelten hier als Vorreiter und setzen mit Best-Practice-Beispielen Maßstäbe in Effizienz und Effektivität durch ihre Beschaffungsprozesse.[5] Im Vergleich dazu zählen die tendenziell kleineren Unternehmen der Dienstleistungsbranche und insbesondere Unternehmen der Hotellerie sowie der Gastronomie zu den Low-Performern hinsichtlich der Professionalität ihrer Beschaffungsprozesse.[6]

Die vorliegende Arbeit nimmt diese Situation zum Anlass und untersucht die Beschaffungsprozesse in der Hotellerie. Sie stellt die branchenspezifischen Herausforderungen an die Beschaffungsprozesse dar und geht auf die unterschiedliche Ausgestaltung dieser Prozesse in Abhängigkeit von Hotelgröße und Zugehörigkeit ein.

---

[1] Vgl. Schüffler 2007, S. 28.
[2] Vgl. Appelfeller/Buchholz 2011, S. 3.
[3] Vgl. Schüffler 2007, S. 17.
[4] Vgl. Appelfeller/Buchholz 2011, S. 1.
[5] Vgl. Schüffler 2007, S. 28.
[6] Vgl. Oehler 2010a, S. 7ff.

2 Begriffserklärung

2.1 Beschaffungsprozesse

Beschaffungsprozesse beinhalten alle prozessbezogenen Aktivitäten, die darauf fokussiert sind, in einem Unternehmen benötigte, jedoch nicht selbst produzierte Objekte zur Verfügung zu stellen.[7] Dabei wird zwischen strategischen und operativen Beschaffungsprozessen unterschieden.[8]

2.2 Strategische Beschaffungsprozesse

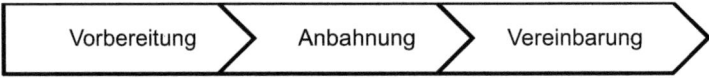

Abb. 1: Phasen strategischer Beschaffungsprozesse

Ziel des strategischen Beschaffungsprozesses ist es, die Effektivität der Beschaffung zu verbessern und somit die Total Cost of Ownership (TCO) nachhaltig zu reduzieren.[9]

Die strategischen Beschaffungsprozesse leiten sich aus der Beschaffungsgesamtstrategie des jeweiligen Unternehmens ab und gliedern sich in die in Abb. 1 dargestellten Phasen.[10]

2.3 Operative Beschaffungsprozesse

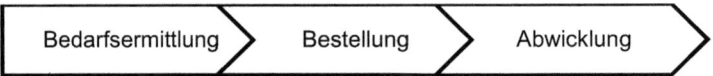

Abb. 2: Phasen operativer Beschaffungsprozesse

Ziel des operativen Beschaffungsprozesses ist es, die Effizienz der operativen Beschaffungsabwicklung zu erhöhen, somit die Prozesskosten zu reduzieren und eine schnellere Abwicklung zu gewährleisten.[11]

Der operative Beschaffungsprozess gewährleistet die Umsetzung der jeweiligen Materialgruppenstrategie im Tagesgeschäft und gliedert sich in die in Abb. 2 dargestellten Phasen.[12]

---

[7] Vgl. Arnold 1997, S. 3.
[8] Vgl. Appelfeller/Buchholz 2011, S. 12.
[9] Vgl. Buchholz 2001, S. 76f.
[10] Vgl. Appelfeller/Buchholz 2011, S. 8.
[11] Vgl. Buchholz 2001, S. 76f.
[12] Vgl. Appelfeller/Buchholz 2011, S. 9.

3 Herausforderungen der Hotelbranche an die Beschaffungsprozesse

3.1 Branche

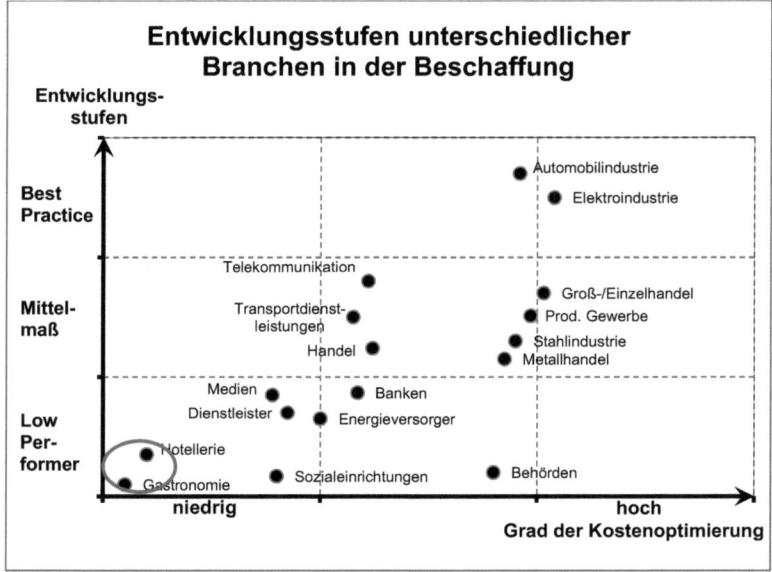

Abb. 3: Entwicklungsstufen unterschiedlicher Branchen in der Beschaffung[13]

Die Hotellerie zählt im Vergleich zu anderen Branchen als Low-Performer in der Professionalität ihrer Beschaffungsprozesse, wie in Abb. 3 deutlich ersichtlich. Dies liegt u. a. darin begründet, dass in der Hotellerie Produkte vorwiegend beschafft werden, um diese anschließend weiterzuverarbeiten, sie somit für den Gast bspw. in der Küche zu veredeln. Im Gegensatz dazu kauft der Handel Waren mit dem Ziel ein, diese anschließend weiterzuverkaufen und über die Marge einen Gewinn zu erzielen. Somit ist die Beschaffung eine der Kernkompetenzen des Handels. In der Hotellerie hingegen steht die Dienstleistung für den Gast im Mittelpunkt. Deshalb existiert in der Hotellerie ein anderer Fokus im Hinblick auf die Beschaffung.[14]

---

[13] Vgl. Voegele/Schwientek 2002, S. 309.
[14] Vgl. Oehler 2010b, S. 24ff.

3 Herausforderungen der Hotelbranche an die Beschaffungsprozesse

Speziell Dienstleistungsunternehmen, zu denen auch die Hotellerie gehört, sehen die Beschaffung tendenziell eher mit operativem Charakter als mit strategischer Ausrichtung. Dies geht häufig damit einher, dass eine eigene Einkaufsorganisation fehlt.[15] Jedoch hat sich laut Trendstudie „Einkauf in der Hotellerie 2010/2011" die strategische Bedeutung der Beschaffung auch in der Hotellerie in den letzten Jahren erhöht.[16]

Aus Sicht der Trendstudie hängt diese Entwicklung stark mit der kontinuierlichen Abnahme der Wertschöpfungstiefe in den verschiedenen Branchen zusammen. In der deutschen Industrie liegt der Anteil des Materialaufwands an den Umsatzerlösen zurzeit bei ca. 60 %. Damit beträgt die Wertschöpfungstiefe innerhalb der deutschen Industrie ca. 40 %. Die Wertschöpfungstiefe innerhalb der Hotellerie ist mit aktuell etwa 60 % im Vergleich dazu wesentlich höher. Im Umkehrschluss bedeutet dies jedoch, dass in der Hotellerie ca. 40 % der Umsatzerlöse von externen Zulieferern erbracht werden; etwa durch den Zukauf von Produkten oder Dienstleistungen wie bspw. der Wäscherei oder dem Housekeeping.[17]

Insbesondere im Hinblick auf die Hebelwirkung der Materialkosten ist festzuhalten, dass es in der Hotellerie, in einem Markt hoher Nachfrageelastizität, erheblich einfacher sein sollte, Einsparungen durch die Beschaffungsprozesse zu realisieren als zusätzliche Umsätze zu generieren,[18] da zusätzliche Umsätze häufig mit hohen Investitionskosten, z. B. in Anlagevermögen – Gebäude/Inventar, oder mit hohen Marketingausgaben bzw. Vermittlungsprovisionen in Höhe von 10 bis 12 % für Buchungsportale wie bspw. HRS.de oder Hotel.de, verbunden sind.

So müsste ein Hotel mit einer durchschnittlichen Umsatzrendite im Jahr 2010 von ca. 5 %[19] bei einer Reduktion der Beschaffungskosten um 2 % etwa 16 % mehr Umsatz generieren, um den gleichen Gewinneffekt zu realisieren.

---

[15] Vgl. Schüffler 2007, S. 20.
[16] Vgl. Henke/Jahns 2011, S. 19.
[17] Vgl. Henke/Jahns 2011, S. 7.
[18] Vgl. Oehler 2010b, S. 25.
[19] http://www.dsgv.de/_download_gallery/Publikationen/Tourismusbarometer_2010.pdf, S. 77, abgerufen am 19.10.2011.

3.2 Lieferantenmanagement

Die durchschnittliche Lieferantenzahl pro Hotel in Deutschland liegt aktuell bei rund 150.[20] Bei Betrachtung der Lieferantenanzahl nach Hotelsternen bestehen jedoch erhebliche Unterschiede. Die Lieferantenanzahl eines Drei-Sterne-Hotels beträgt im Durchschnitt 47, die der Vier-Sterne-Hotels 103 und die der Fünf-Sterne-Hotels durchschnittlich 222.[21] Die meisten Lieferanten verteilen sich auf die Sortimentsbereiche Technik (18), Wein/Spirituosen (17) sowie Lebensmittel (16). Dabei stehen die fünf wichtigsten Lieferanten für 43 % des durchschnittlichen Beschaffungsvolumens.[22] Es liegt nahe, dass mit steigender Komfortklasse der Hotels auch die Kundenwünsche steigen, jedoch ist die Lieferantenanzahl gerade in der Vier- und Fünf-Sterne-Hotellerie sehr hoch.

3.3 Beschaffungsmethoden

Die am häufigsten verwendeten Bestellwege in der Hotellerie sind Telefon-, E-Mail-, Internet- und Faxbestellungen. Diese zeichnen sich durch die direkte Kommunikation, Schnelligkeit sowie Flexibilität aus. Obwohl sich ein Trend hin zu Online-Bestellungen und in größeren Hotels auch E-Procurement-Systemen abzeichnet, werden noch immer ca. 15 % der Bestellungen ad-hoc über nicht standardisierte Beschaffungsverfahren abgewickelt. Speziell in den Materialgruppen Lebensmittel, Technik und Gastronomiebedarf werden Teile des Bedarfs selbst durch das Hotel, etwa in C&C-Märkten oder bei Discountern, beschafft und abgeholt. Dies widerspricht jedoch der strategischen Beschaffung. Über standardisierte und definierte Abläufe werden ca. 50 % und per Abruf aus Rahmenverträgen etwa 25 % beschafft. Die Rahmenverträge werden oftmals von übergeordneten Einkaufsorganisationen, i. d. R. einmal im Jahr, ausgehandelt und anschließend den zugehörigen Hotels für ihre operativen Beschaffungsprozesse bereitgestellt. Die am häufigsten verwendeten Hilfsmittel in der Beschaffung der Hotellerie sind dementsprechend preislich fixierte Rahmenverträge, aber auch Aktionsangebote, Einkaufsrichtlinien, Fax- und Online-Vorlagen. Festgelegte Warenannahme- bzw. Warenausgabezeiten sowie Warenwirtschaftssysteme finden seltener Verwendung.[23]

---

[20] Vgl. Henke/Jahns 2011, S. 4.
[21] Vgl. Schüffler 2007, S. 175.
[22] Vgl. Henke/Jahns 2011, S. 14.
[23] Vgl. Henke/Jahns 2011, S. 16ff.

3.4 Beschaffungsorganisation und Weiterbildungsmaßnahmen

In etwa zwei von drei Hotels ist die Beschaffung im Top-Management verankert. Hierbei kann davon ausgegangen werden, dass sich das jeweilige Management vorwiegend um die strategischen Fragen der Beschaffung kümmert, zumal in ebenfalls ca. zwei Drittel der Hotels die operative Beschaffung direkt über die internen Bedarfsträger wie bspw. Küche oder Housekeeping durchgeführt wird. In ca. 57 % der Hotels wird die Beschaffung zentral für das jeweilige Hotel organisiert und in 47 % der Fälle sogar über eine übergeordnete Hotelkette.

Die Beschaffung in der Hotellerie wird in ca. 70 % der Hotels nach Materialgruppen organisiert, wobei die Verantwortung der jeweiligen Materialgruppen unterschiedlich verteilt sein kann. Die Bereiche Lebensmittel und Getränke sowie Technik und Dienstleistungen werden vorwiegend von den jeweiligen Fachabteilungen verantwortet. Dagegen sind, sofern eine Einkaufsorganisation vorhanden ist, die Bereiche Gastronomiebedarf, Reinigungsmittel, Drucksachen sowie Büromaterialien, EDV und Versicherungen überwiegend von der jeweiligen Einkaufsabteilung zu verantworten.[24]

An den direkten Beschaffungsprozessen eines Hotels sind jedoch nur 6 % der jeweiligen Mitarbeiter hauptverantwortlich beteiligt.[25] Dies geht damit einher, dass in einem durchschnittlichen Hotel im Normalfall maximal ein Mitarbeiter zentral mit Beschaffungsaufgaben betraut wird und etwa ein bis zwei Mitarbeiter dezentral.[26]

Bei Betrachtung der Aus- und Weiterbildungsmaßnahmen für die Beschaffung in der Hotellerie lässt sich feststellen, dass ca. zwei Drittel aller Unternehmen keine oder nur sehr selten Schulungsmaßnahmen zur Steigerung des Mitarbeiter-Know-hows in diesem Bereich anbieten.[27] Im Vergleich dazu erhalten die Vertriebsleiter der Lieferanten etwa sechs bis acht Schulungstage pro Jahr in der Vertriebsargumentation. Hierbei wird deutlich, dass gerade im Zusammenhang mit Aus- und Weiterbildungsmaßnahmen Defizite bestehen, welche sich direkt nachteilig auf das Betriebsergebnis eines Hotels auswirken können.[28]

---

[24] Vgl. Henke/Jahns 2011, S. 19f.
[25] Vgl. Henke/Jahns 2011, S. 12f.
[26] Vgl. Schüffler 2007, S. 161.
[27] Vgl. Henke/Jahns 2011, S. 4.
[28] Vgl. Oehler 2010a, S. 19.

4 Beschaffungsprozesse in der Hotellerie

4.1 Die strategischen Beschaffungsprozesse

Bei Betrachtung der strategischen Beschaffungsprozesse muss innerhalb der Hotellerie zwischen größeren Hotelketten und kleineren Einzelhotels unterschieden werden. Während Hotelketten mittlerweile überwiegend über zentrale sowie kettenübergreifende Einkaufsorganisationen mit strategischer Ausrichtung verfügen, führen Einzelhotels die Beschaffung häufig ohne eine zentrale Einkaufsabteilung aus und agieren dezentral direkt über die Bedarfsträger.[29] Seit einigen Jahren nutzen insbesondere kleinere und mittlere Hotels jedoch vermehrt die Möglichkeit sich Einkaufskooperationen wie bspw. der HGK, der Progros oder der GEG anzuschließen.[30] Sofern eine zentrale Einkaufsorganisation bzw. -kooperation besteht, strukturiert und organisiert diese die strategischen Beschaffungsprozesse und gibt die Rahmenbedingungen zur Ausgestaltung der operativen Beschaffungsprozesse vor.[31] In Hotels ohne zentrale Einkaufsorganisation führt diese Aufgabe, wenn überhaupt, der Hotelmanager in Abstimmung mit den Abteilungsleitern, z. B. dem Küchenchef, aus.[32] Gerade in kleineren und mittleren Hotels ist die Beschaffung vorwiegend operativ geprägt.

Die strategischen Beschaffungsprozesse unterteilen sich in die Phasen Vorbereitung, Anbahnung und Vereinbarung.

In der **Vorbereitungsphase** wird zunächst der exakte Bedarf an Produkten einer Materialgruppe analysiert und anschließend werden erste Grundsätze zur Zusammenarbeit mit Lieferanten definiert.[33]

In der Hotellerie bestehen verschiedene Möglichkeiten zur Bedarfsermittlung. Da nur wenige Hotels über IT-Unterstützung in der Beschaffung oder ein Warenwirtschaftssystem verfügen, erfolgt die Bedarfsermittlung häufig manuell. Es besteht bspw. die Möglichkeit, Rechnungen der letzten Periode auf die genauen Bedarfe auszuwerten, dies ist jedoch sehr mühsam und zeitaufwendig. Eine vorteilhaftere Variante stellt die Anforderung von Abverkaufsstatistiken des letzten Jahres über die bestehenden Lieferanten dar.[34] Zentrale Einkaufsorganisationen von Hotelketten werten zur Bedarfs-

---

[29] Vgl. Schüffler 2007, S. 155.
[30] Vgl. Müller 2010, S. 5f.
[31] Vgl. Schüffler 2007, S. 199f.
[32] Vgl. Henke/Jahns 2011, S. 19f.
[33] Vgl. Appelfeller/Buchholz 2011, S. 8.
[34] Vgl. Oehler 2010a, S. 13.

ermittlung oftmals auch die digital vorliegenden Rechnungen ihres zentralen Kreditorenmanagements aus.

Nach der Bedarfsermittlung steht die Festlegung erster Grundsätze zur Zusammenarbeit mit Lieferanten im Vordergrund.[35] Diese sind abhängig von der Beschaffungsgesamtstrategie eines Hotels sowie der jeweiligen Materialgruppe. In der Hotellerie sind insbesondere folgende, in Abb. 4 dargestellte Sourcing-Alternativen von Bedeutung, zumal sich Hotels i. d. R. nicht um System- oder Forward Sourcing-Alternativen kümmern müssen.[36]

Vorbereitungsphase	
Global Sourcing	Local Sourcing
Single Sourcing	Multiple Sourcing
Standardisierung	Keine Standardisierung
Gebündelte Bedarfe	Zersplittete Bedarfe
Cooperative Sourcing	Autonome Beschaffung

Abb. 4: Sourcing-Alternativen in der Hotellerie[37]

Im Hinblick auf das Kriterium der geografischen Struktur kann festgestellt werden, dass Hotels vorwiegend regional bis national beschaffen.[38] Bei der Lieferantenanzahl je Materialgruppe herrscht häufig Multiple-Sourcing vor, da Hotels oft über mehrere Lieferanten je Materialgruppe verfügen.[39] Der Standardisierungsgrad sowie der Mengenbündelungsgrad in der Hotellerie können eher als gering bezeichnet werden.[40] Die Bedeutung des Cooperative Sourcing nimmt in der Hotellerie seit Jahren stetig zu und immer mehr Hotels schließen sich übergeordneten Einkaufsorganisationen an, um Vorteile bei ihren Einkaufspreisen und in ihren Beschaffungsprozessen zu realisieren.[41]

Die **Anbahnungsphase** zeichnet sich dadurch aus, dass hier nach geeigneten Produkten und Lieferanten gesucht wird.[42] Um die geeigneten Produkte zu finden, werden zunächst alle relevanten Produktspezifikationen festgelegt. Dies geschieht in der Hotellerie i. d. R. in enger Abstimmung zwischen dem Hotelmanager und den jeweiligen Fachabteilungen. So muss der Küchenchef bspw. für ein Stück Rindfleisch zuvor definieren, welche Spezifikationen – Herkunft, Fleischqualität, Gewicht pro Stück etc.

---

[35] Vgl. Appelfeller/Buchholz 2011, S. 8.
[36] Vgl. Appelfeller/Buchholz 2011, S. 290.
[37] Eigene Erstellung in Anlehnung an Appelfeller/Buchholz 2011, S. 288.
[38] Vgl. Schüffler 2007, S. 206ff.
[39] Vgl. Henke/Jahns 2011, S. 14.
[40] Vgl. Schüffler 2007, S. 159.
[41] Vgl. Müller 2010, S. 5f.
[42] Vgl. Appelfeller/Buchholz 2011, S. 8.

– dieses besitzen muss, um daraus später ein Rumpsteak zubereiten zu können. Je mehr Leistungen und je mehr Besonderheiten diese Spezifikationen aufweisen, desto teurer kann das Produkt nachher sein und umgekehrt.[43] Bei der Wahl der geeigneten Produkte ist zu prüfen, ob es ggf. möglich ist auf Standardprodukte bzw. Handelsmarken der Lieferanten zurückzugreifen. Gerade im Food- & Beverage-Bereich (F&B) bieten sich zahlreiche Möglichkeiten, da bestimmte Markenprodukte von Markenherstellern über den Großhandel bei vergleichbarer Qualität unter kostengünstigeren Handelsmarken vertrieben werden. Die Produktspezifikationen gewährleisten ebenfalls die Vergleichbarkeit der späteren Angebote.

Nach der Produktspezifikation folgt die Suche und Auswahl von geeigneten Lieferanten.[44] In der Industrie geschieht dies überwiegend durch die Nutzung von Ausschreibungen. In der Hotellerie werden Ausschreibungen jedoch von gerade einmal 22 % der Hotels regelmäßig durchgeführt. Häufiger werden Informationen zu Lieferanten und Preisen direkt über das Internet gesucht bzw. verglichen (55 %).[45] Ausschreibungen werden vorwiegend von kettenübergreifenden Einkaufsorganisationen oder Einkaufskooperationen genutzt. Diese schreiben dann die gesamten Beschaffungsvolumina der Gruppe je Materialgruppe aus und wählen damit für ihre Mitglieder die zu präferierenden Lieferanten aus.[46] Das jeweilige Hotel kann dann meist über eine Intranetseite auf die ausgewählten Lieferanten bzw. Rahmenverträge zugreifen.

Bei der Auswahl von Lieferanten stehen in der Hotellerie die Kriterien Warenverfügbarkeit, Zuverlässigkeit des Lieferanten, logistische Leistungsfähigkeit sowie Preis und Warensponsoring im Vordergrund.[47]

Wenn Ausschreibungen von Hotels selbst durchgeführt werden, kann davon ausgegangen werden, dass diese manuell, papierbasiert und vorwiegend office-gestützt durchgeführt werden, zumal nur wenige größere Einzelhotels über IT-Unterstützung in der Beschaffung wie bspw. ein Warenwirtschaftssystem verfügen.[48] Nach Ausschreibung der jeweiligen Materialgruppen liegen dann verschiedene Angebote der Lieferanten vor.

In der **Vereinbarungsphase** werden nun die vorliegenden Angebote verglichen und bewertet. Anschließend finden ggf. noch weitere Preisverhandlungen statt.[49] Für Ho-

---

[43] Vgl. Oehler 2010a, S. 13.
[44] Vgl. Appelfeller/Buchholz 2011, S. 8.
[45] Vgl. Oehler 2010a, S. 14.
[46] Vgl. Schüffler 2007, S. 202.
[47] Vgl. Henke/Jahns 2011, S. 15.
[48] Vgl. Henke/Jahns 2011, S. 17f.
[49] Vgl. Appelfeller/Buchholz 2011, S. 9.

tels, die einer kettenübergreifenden Einkaufsorganisation oder einer Einkaufskooperation angehören, entfällt diese Phase, da die Vereinbarungen von der übergeordneten Instanz getroffen werden. In Einzelhotels zeichnet sich dieser Prozess durch manuelle Tätigkeiten aus. Die eingegangenen Angebote werden nebeneinandergelegt und verglichen. Der jeweilige Hotelmanager trifft in Abstimmung mit der Fachabteilung dann die Entscheidung zugunsten des für das Hotel günstigsten Angebotes. Danach wird ggf. noch über die Preise entweder persönlich oder per Telefon nachverhandelt.

4.2 Die operativen Beschaffungsprozesse

Die operativen Beschaffungsprozesse unterteilen sich in die Phasen Bedarfsermittlung, Bestellung und Abwicklung.[50]

Im Tagesgeschäft der Hotellerie kommt vorwiegend das Beschaffungsmodell der Vorratsbeschaffung in unterschiedlichen Ausprägungen zum Einsatz.

Zunächst soll auf den **suboptimalen Beschaffungsprozess der Selbstabholung** bzw. Ad-hoc-Beschaffung eingegangen werden. Diese Prozessvariante macht etwa 15 % der Gesamtbeschaffungen in der Hotellerie aus. Speziell in den Materialgruppen Lebensmittel (37,6 %), Technik (35,2 %) und Gastronomiebedarf (34,3 %) werden große Teile der Gesamtbedarfe über diese Prozessvariante beschafft.[51] Abb. 5 zeigt den operativen Beschaffungsprozess der Selbstabholung.

Abb. 5: Suboptimaler Beschaffungsprozess der Selbstabholung

Der o. g. Beschaffungsprozess ist mit dem Einkauf von Privathaushalten vergleichbar. Zunächst wird der Bedarf ad-hoc durch die Fachabteilung ermittelt und ein Einkaufszettel erstellt. Anschließend fährt ein Mitarbeiter der jeweiligen Fachabteilung per Auto zum nächstgelegenen C&C-Markt oder Discounter. Dort werden die benötigten Artikel im Markt zusammengesucht und in einem Einkaufswagen kommissioniert. Dann erfolgt die Bezahlung an der Kasse des jeweiligen C&C-Marktes. Diese

---

[50] Vgl. Appelfeller/Buchholz 2011, S. 8.
[51] Vgl. Henke/Jahns 2011, S. 17ff.

erfolgt häufig in bar oder per EC-Karte. Danach werden die eingekauften Artikel vom Einkaufswagen in das Auto umgeladen und der Mitarbeiter fährt zurück zum Hotel. Dort wird der Einkauf aus dem Auto entladen und in das Lager eingelagert. Der Kassenzettel wird zur Verwaltung gebracht, wo er im Kassenbuch verbucht wird.

Der Beschaffungsprozess der Selbstabholung ist zwar einfach durchzuführen und bietet ein hohes Maß an Flexibilität, jedoch führt er zu einer Vielzahl von Nachteilen. So können bspw. Mengenbündelungseffekte kaum erzielt werden. Ferner ist der Mitarbeiter der jeweiligen Fachabteilung zeitlich vom Hotel abwesend, wodurch Opportunitätskosten entstehen. Zudem ist der Beschaffungsprozess intransparent, bei einer Vielzahl von Einkäufen nur schwer nachvollziehbar und viele Arbeiten werden manuell durchgeführt. Ebenso ist der Lieferant kaum in den Prozess eingebunden. Er muss lediglich die Waren im C&C-Markt vorhalten. Diese Prozessvariante ist sehr ineffizient, zumal der manuelle Kommissionierungs- und Logistikaufwand für das Hotel sehr hoch ist. Zudem können die lückenlose Kühlkette und geltende Hygienevorschriften nur schwer eingehalten werden.[52]

Im Vergleich zum o. g. suboptimalen Beschaffungsprozess der Selbstabholung bietet der nachfolgend dargestellte Prozess bereits einige Vorteile. Der in Abb. 6 dargestellte **typische Beschaffungsprozess in Einzelhotels** zeigt eine Prozessvariante ohne Einkaufsabteilung und mit geringer IT-Unterstützung, die in vielen Einzelhotels vorzufinden ist.[53]

Abb. 6: Typischer Beschaffungsprozess in Einzelhotels[54]

Zunächst wird der Bedarf von der jeweiligen Fachabteilung, z. B. dem Küchenchef, ermittelt. Dies geschieht i. d. R. manuell, indem der Küchenchef die Bestände per Sichtkontrolle überprüft und aufgrund seiner Erfahrung die Bestellmengen ermittelt. Auf einer Faxvorlage werden anschließend die benötigten Mengen eingetragen. Die Vorlage enthält bereits sämtliche benötigte Artikel des jeweiligen Lieferanten. Somit

---

[52] Vgl. Schüffler 2007, S. 168f.
[53] Vgl. Schüffler 2007, S. 208, S. 217, S. 222f.
[54] Eigene Erstellung in Anlehnung an Appelfeller/Buchholz 2011, S. 239.

müssen nur noch die Liefermengen und der gewünschte Liefertag angegeben werden. Anschließend wird die ausgefüllte Vorlage per Fax an den Lieferanten übermittelt.[55] Der Lieferant erfasst die Bestellung in seinem IT-System als Auftrag und führt, meist am nächsten Tag, die Lieferung aus. Die Warenanlieferung erfolgt direkt inkl. der Original-Rechnung. Der Küchenchef bzw. die Mitarbeiter der Küche kontrollieren die eingegangene Lieferung und gleichen diese mit der Rechnung ab. Somit entfallen Lieferschein und Auftragsbestätigung. Nach der fachtechnischen Freigabe durch die Fachabteilung wird die Rechnung zur Verwaltung bzw. dem Hotelmanager gebracht. Dieser prüft die in Rechnung gestellten Preise und überweist den Rechnungsbetrag per Online-Banking beim nächsten Zahlungslauf. Alternativ wird der Rechnungsbetrag periodisch, z. B. einmal pro Woche, vom Lieferanten per Lastschrift eingezogen.[56] Alternativ wird der o. g. Prozess in der Praxis oftmals auch per Telefon oder E-Mail abgewickelt.

Diese Prozessvariante ist bereits erheblich effizienter als der zuvor genannte suboptimale Beschaffungsprozess. Er zeichnet sich durch standardisierte Abläufe, reduzierte Prozesskosten und kurze Durchlaufzeiten aus. Mengenbündelungseffekte können besser genutzt werden und der manuelle Arbeitsaufwand für das Hotel wird ebenfalls deutlich reduziert. Bei dieser Prozessvariante wird keine Einkaufsabteilung benötigt und die Nutzung von IT beschränkt sich auf die Überweisung per Online-Banking. Jedoch kann dieser Prozess zu Nachteilen bei der strategischen Analyse und Auswertung der Beschaffungsvolumina führen, zumal dieser Prozess überwiegend papierbasiert abläuft und die Daten nicht zentral in einem IT-System zusammengeführt werden.

Hotels, die einer Einkaufskooperation angehören, gleichen diesen Nachteil durch ein zentrales Kreditorenmanagement der Kooperation aus. Dabei werden die Rechnungen von den Lieferanten zentral an die Einkaufskooperation, entweder digital oder papierbasiert, gesendet. Die Einkaufskooperation verbucht und reguliert die Forderungen zentral mit den jeweiligen Lieferanten. Das Hotel erhält dann i. d. R. zweimal monatlich eine Sammelrechnung mit allen Originalrechnungen. Die Forderung der Einkaufskooperation ggü. dem Hotel wird anschließend ebenfalls, im Normalfall zweimal monatlich, per Lastschrift beim Hotel ausgeglichen. Dadurch verringern sich im Hotel die Zahlungsvorgänge, die daraus resultierenden Bankspesen und die ope-

---

[55] Vgl. Schüffler 2007, S. 222.
[56] Vgl. Appelfeller/Buchholz 2011, S. 236.

rativen Arbeitsvorgänge in der Buchhaltung. Die Einkaufskooperation wiederum kann durch die zentrale Rechnungs- und Datenerfassung einfacher strategische Analysen und Auswertungen für den strategischen Beschaffungsprozess erheben. Dadurch kann die Transparenz und Effizienz der Beschaffungsprozesse weiter verbessert werden.[57]

Insbesondere große Hotels sowie Hotelketten mit übergeordneter Einkaufsorganisation gehen verstärkt zur Nutzung von digitalen Services in ihren operativen Beschaffungsprozessen über. Abb. 7 stellt eine Prozessvariante der **modernen operativen Beschaffungsprozesse in großen Hotels und Hotelketten** dar.

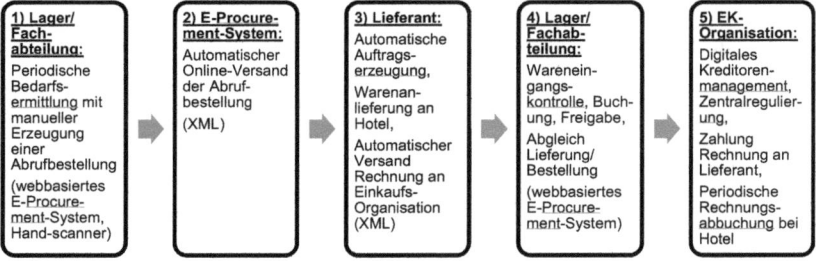

Abb. 7: Moderner Beschaffungsprozess in Hotelketten[58]

Bei dieser Prozessvariante wird zunächst vom Lager bzw. einem Mitarbeiter der jeweiligen Fachabteilung der Bedarf manuell, mit Hilfe eines Hand-Barcodescanners im Lager ermittelt. Der Scanner wird anschließend mit einem PC verbunden und der erfasste Bedarf wird automatisch zum webbasierten E-Procurement-System übertragen. Dieses verfügt über lieferantenübergreifende Bestelllisten und beinhaltet die jeweils aktuellen Preise der Lieferanten sowie weitere Informationen zu den Artikeln und aktuellen Rahmenverträgen. Aus dem webbasierten E-Procurement-System wird die erfasste Abrufbestellung nun direkt online an den Lieferanten übermittelt. Beim Lieferanten wird dann automatisch aus der digital eingegangenen Abrufbestellung ein Auftrag in seinem ERP-System erzeugt. Die bestellten Waren werden anschließend vom Lieferanten an das Hotel ausgeliefert und die dazugehörige Rechnung wird automatisch online an die übergeordnete Einkaufsorganisation versendet. Im Lager des Hotels wird die eingegangene Bestellung kontrolliert und mit Hilfe des Lieferscheines direkt im E-Procurement-System verbucht und freigegeben. Die überge-

---

[57] Vgl. http://www.h-g-k.de/cms/presse/pressemitteilungen/aha-erlebnis-dank-einkaufsoptimierung.html, abgerufen am 28.10.2011.
[58] Vgl. http://www.progros.de/cms/int/medienbord/pdf/111024_PM_progros_Neues_Geschftsfeld.pdf, abgerufen am 29.10.2011.

ordnete Einkaufsorganisation erhält die Freigabeinformationen über das webbasierte System und führt über das digitale Kreditorenmanagementsystem die Zentralregulierung für das angeschlossene Hotel durch. Die Einkaufsorganisation überweist den freigegebenen Rechnungsbetrag bei Fälligkeit an den Lieferanten und zieht die Forderung ggü. dem Hotel periodisch, i. d. R. alle 14 Tage, per Abbuchungsauftrag vom Konto des Hotels ein. Die von der Einkaufsorganisation erstellte Gesamtrechnung kann dabei digital per Schnittstelle an die jeweilige Finanzbuchhaltung des Hotels übermittelt werden.[59]

Ebenso ist es durch das webbasierte System möglich Lieferantenbewertungen vorzunehmen.

Die Vorteile dieser Prozessvariante für große Hotels sowie Hotelketten sind vielfältig. So kann der operative Arbeitsaufwand bei Beschaffungs- und Rechnungsabwicklungsprozessen deutlich reduziert werden. Die papierbasierten Aktivitäten werden auf ein Minimum reduziert und es findet über das webbasierte System eine automatische Preisüberwachung statt. Zudem wird der Prozess durch das zentrale System erheblich nachvollziehbarer und transparenter gestaltet.[60] Die zentral erfassten Daten liefern dabei die Grundlage für eine bessere strategische Analyse und Auswertung, wodurch das Hotel bzw. die Einkaufsorganisation ihre Verhandlungsmacht ggü. den Lieferanten optimal ausnutzen kann. Diese Prozessvariante wird aktuell jedoch nur von wenigen großen Hotels – ca. 60 – in genau dieser Form genutzt.[61] Oftmals werden allerdings Teilbereiche der oben dargestellten Prozessvariante bei großen Hotels angewandt. Die Erstellung von Schnittstellen zwischen dem webbasierten E-Procurement-System und der Vielzahl von Lieferanten mit unterschiedlichsten eigenen IT-Systemen erweist sich in der Praxis jedoch als Herausforderung. Zudem ist fraglich, ob sich der Aufwand der Einführung dieser Prozessvariante speziell bei kleineren und mittleren Hotelbetrieben rentiert.

---

[59] Vgl. http://www.progros.de/cms/int/medienbord/pdf/111024_PM_progros_Neues_Geschtsfeld.pdf, abgerufen am 29.10.2011.
[60] Vgl. http://www.progros.de/cms/int/Einkauf_perfekt/digitale_services/digitale_services.php, abgerufen am 29.10.2011.
[61] Vgl. http://www.progros.de/cms/int/medienbord/pdf/111024_PM_progros_Neues_Geschtsfeld.pdf, abgerufen am 29.10.2011.

5 Fazit und kritische Würdigung

Die Hotellerie zählt im Vergleich zu anderen Branchen als Low-Performer in der Professionalität ihrer Beschaffungsprozesse. Häufig wird der Beschaffung nur eine geringe Wertschätzung entgegengebracht. Dass in der Hotellerie die Beschaffung oft einen niedrigen Stellenwert hat, liegt am speziellen Fokus in dieser Branche, in der die Dienstleistung für den Gast im Mittelpunkt steht.

Innerhalb der Branche bestehen jedoch erhebliche Unterschiede zwischen den tendenziell kleineren Einzelhotels und den großen Hotels bzw. Hotelketten. Kleinere Einzelhotels sehen die Beschaffung häufig eher als Erfüllungsgehilfe. Die Hotels verfügen nur selten über eine zentrale Einkaufsorganisation und die Beschaffungsprozesse sind i. d. R. stark operativ geprägt. Ebenso verfügen die Hotels nur selten über IT-Unterstützung in ihren Beschaffungsprozessen, wodurch sowohl die Transparenz als auch die Effizienz leidet.

In großen Hotels und Hotelketten findet ein Umdenken statt und der Beschaffung sowie den Beschaffungsprozessen wird seit einigen Jahren verstärkt Aufmerksamkeit gewidmet. Zudem sind diese Hotels oft an eine übergeordnete Einkaufsorganisation angeschlossen. Diese organisiert und strukturiert die strategischen Beschaffungsprozesse für die angeschlossenen Hotels und gibt Rahmenbedingungen für die Ausgestaltung der operativen Beschaffungsprozesse vor. In den operativen Beschaffungsprozessen werden die Möglichkeiten der IT-Unterstützung besser genutzt, wodurch sowohl die Beschaffungstransparenz als auch -effizienz gesteigert werden.

Generell kann festgehalten werden, dass die Beschaffungsprozesse in der Hotellerie sowohl mit Blick auf die Effektivität als auch Effizienz anderen Branchen weit hinterherhinken. Dadurch ergibt sich in der Branche jedoch ein erhebliches Optimierungspotenzial. Schon durch die Nutzung von einfachen, strategischen sowie operativen Optimierungsmaßnahmen können die Kosten für das jeweilige Hotel spürbar gesenkt werden. Aus strategischer Sicht bieten sich hier bspw. die regelmäßige Ausschreibung von Sortimenten, die Mengenbündelung und die Reduktion der Lieferantenzahl an. Operativ betrachtet würden u. a. die stärkere Nutzung von IT sowie der Verzicht auf Selbstabholungen in Betracht kommen.

Insgesamt sollten alle Hotels ein stärkeres Bewusstsein für die Beschaffung entwickeln und die Zusammenarbeit mit geeigneten Einkaufskooperationen bzw. -organisationen prüfen.

6 Literaturverzeichnis

Appelfeller, W./Buchholz, W. (2011): Supplier Relationship Management, Strategie, Organisation und IT des modernen Beschaffungsmanagements, 2., überarb. Aufl., Wiesbaden.

Arnold, U. (1997): Beschaffungsmanagement, 2. Aufl., Stuttgart.

Buchholz, W. (2001): Netsourcing Implementation Program – Alles neu bei der Einführung internetbasierter Beschaffungslösungen?. In: Buchholz, W., Werner, H.: Supply Chain Solutions – Best Practices in e-Business, Stuttgart (2001).

Henke, M./Jahns, C. (2011): Einkauf in der Hotellerie 2010/2011, Die große progros-Trendstudie, Eschborn.

Müller, D. (2010): Gemeinsam die Kosten senken. In: Oehler: Progros Pressespiegel (2011), S. 5-6.

Oehler, J. (2010a): Supply Management als Renditeturbo. In: Krasch, T. u. a.: BUY 2010, Das Kompendium für den professionellen Einkauf in der Hotellerie, Landsberg, S. 7-22.

Oehler, J. (2010b): Im Einkauf steckt noch Potenzial. In: Krasch, T. u. a.: BUY 2010, Das Kompendium für den professionellen Einkauf in der Hotellerie, Landsberg, S. 24-29.

Schüffler, C. (2007): Supply Management in der Hotelbranche, Grundlagen, Erfolgsfaktoren und Gestaltungsempfehlungen, Jahns, C. [Hrsg.], Wiesbaden 2008. (zugleich Diss. European Business School Oestrich-Winkel, 2007).

Voegele, A. R. (2002): Purchasing Empowerment – Bestleistung im Einkauf. In: Hahn, D.; Kaufmann L. [Hrsg.]: Handbuch industrielles Beschaffungsmanagement. 2. Aufl., Wiesbaden, S. 301-312.

6 Literaturverzeichnis

6.1 Internetquellen

Einkaufskosten in Echtzeit optimieren,
http://www.progros.de/cms/int/Einkauf_perfekt/digitale_services/digitale_services.php
, abgerufen am 29.10.2011.

HGK – Aha-Erlebnis dank Einkaufsoptimierung,
http://www.h-g-k.de/cms/presse/pressemitteilungen/aha-erlebnis-dank-einkaufsoptimierung.html, abgerufen am 28.10.2011.

Progros präsentiert neues Geschäftsfeld: Digitale Services,
http://www.progros.de/cms/int/medienbord/pdf/111024_PM_progros_Neues_Geschftsfeld.pdf, abgerufen am 29.10.2011.

Sparkassen-Tourismusbarometer Deutschland 2010,
http://www.dsgv.de/_download_gallery/Publikationen/Tourismusbarometer_2010.pdf, S. 77, abgerufen am 19.10.2011.